AF343342

ALPHABET

ARABE,

TURK ET PERSAN,

A L'USAGE

DE L'IMPRIMERIE ORIENTALE ET FRANÇAISE.

AN VI.

ALPHABET
ARABE, TURK ET PERSAN.

ORDRE.	NOM.	FORME.				VALEUR.
		FINALES.		INITIALES ET MEDIALES.		
		liées à la précédente.	non liées à la précédente.	liées à la précédente.	non liées à la précédente.	
1	Elif	ا	ا	ا	ا	A.
2	Be	ب	ب	ب	ب	B.
3	Te	ت	ت	ت	ت	T.
4	Thçe	ث	ث	ث	ث	T. Ç.
5	Djim	ج	ج	ج	ج	DJ. G.
6	Hha	ح	ح	ح	ح	HH.
7	Kha	خ	خ	خ	خ	KH.
8	Dal	د	د	د	د	D.
9	Dzal	ذ	ذ	ذ	ذ	D. Z.
10	Re	ر	ر	ر	ر	R.

FORME.

ORDRE.	NOM.	FINALES.		INITIALES ET MÉDIALES.		VALEUR.
		liées à la précédente.	non liées à la précédente.	liées à la précédente.	non liées à la précédente.	
11	Ze	ﺰ	ز	ﺰ	ز	Z.
12	Syn	ﺲ	س	ﺴ	ﺴ	S.
13	Chyn	ﺶ	ش	ﺸ	ﺸ	CH.
14	Ssad	ﺺ	ص	ﺼ	ﺻ	SS.
15	Ddad	ﺾ	ض	ﻀ	ﺿ	DD.
16	Tta	ﻂ	ط	ﻄ	ﻃ	TT.
17	Dha	ﻆ	ظ	ﻈ	ﻇ	DH.
18	A'yn	ﻊ	ع	ﻌ	ﻋ	A'.
19	Ghayn	ﻎ	غ	ﻐ	ﻏ	GH.
20	Fe	ﻒ	ف	ﻔ	ﻓ	F.
21	Gaf	ﻖ	ق	ﻘ	ﻗ	G. Q.
22	Kef	ﻚ	ك	ﻜ	ﻛ	K.

(5)

FORME.

ORDRE	NOM	FINALES		INITIALES ET MÉDIALES.		VALEUR.
		liées à la précédente.	non liées à la précédente.	liées à la précédente.	non liées à la précédente.	
23	Lam	ل	ل	ل	ل	L.
24	Mym	م	م	ـم	ـم	M.
25	Noun	ن	ن	ـن	ـن	N.
26	Waw	و	و	و	و	OU.
27	He	ه	ه	ﻬ ﻫ	ﻪ	H.
28	Ye	ي	ي	ـي	ـي	I. Y.

Lettres particulières aux Turks et aux Persans.

	NOM	FINALES		INITIALES ET MÉDIALES.		VALEUR.
	Pe	پ	پ	ـپ	پ	P.
	Tchym	چ	چ	ـچ	ـچ	TCH.
	Je	ژ	ژ	ژ	ژ	J.
	Guef	گ	گ	ـگ	گ	GUE.
	Saghirnoun	ڭ	ڭ	ـڭ	ڭ	GN.

A 3

VOYELLES.

NOM.	FORME.	POSITION.	VALEUR.
Fathha	ـَ	Supérieur	E. A. *bref.*
Kesre	ـِ	Inférieur	I. E. *bref.*
Damma	ـُ	Supérieur	O.
Tenouins	ـً	Supérieur	ANN.
	ـٍ	Inférieur	ENN. INN.
	ـٌ	Supérieur	ONN.

Signes orthographiques.

Techdid	ـّ	Supérieur	redouble la consonne.
Hemza	ء	Supérieur	remplace l'élif.
Wesla	ـٓ	Supérieur	élision.
Dgiezme	ـْ	Supérieur	absence de voyelle.
Madd'élif	آ	Final lié.	A prolongé.
He ponctué	ـة	Final lié.	T.

LIGATURES.

VALEUR	FORME	POSITION	VALEUR	FORME	POSITION

Du BE (left column) / continuation (right column)

VALEUR	FORME	POSITION
		Du BE
B-dj-y	بجي	
B-hh-y	بحي	Finales liées.
B-kh-y	بخي	
B-m	بم	Init. et méd. n. l.
	بم	Médiale liée.
	بم	Finale non liée.
B-n	بن	Finale liée.
B-ou	بو	
B-y	بي	In. m. et fin. n. l.
	بي	
	بي	Finales liées.
B-tch-y	بچي	
		Du TE.
T-dj-y	تجي	Finale liée.

VALEUR	FORME	POSITION
T-hh-y	تحي	
T-kh-y	تخي	Finales liées.
T m	تم	Init. et méd. n. l.
	تم	Médiale liée.
	تم	Finale non liée.
T-n	تن	Finale liée.
T-ou	تو	
T-y	تي	In. m. et fin. n. l.
	تي	
	تي	Finales liées.
T-tch-y	تچي	
		Du THCE.
Th-dj-y	ثجي	
Th-hh-y	ثحي	Finales liées.
Th-kh-y	ثخي	

A 4

LIGATURES.

VALEUR.	FORME.	POSITION.	VALEUR.	FORME.	POSITION.
Th-in	ثن	Init. et méd. n. l.	Dj-kh-y	جخي	Fin. non liée.
	ثن	Médiale liée.	Dj-n-y	جني	
	ثم	Finale non liée.	Dj-y	جحي	
Th-n	ثن	Finale liée.		بجي	Finale liée.
Th-ou	ثو	In. m. et fi. n. l.	Dj-y-y	جي	Fin. non liée.
Th-y	ثي		Dj-p-y	جپي	
	ثي	Finales liées.	Dj-tch-y	جچي	
Th-tch-y	ثچي				

Du DJYM.

VALEUR.	FORME.	POSITION.	VALEUR.	FORME.	POSITION.
Dj-b-y	جبي				
Dj-t-y	جتي				
Dj-th-y	جثي	Fin. non liées.			
Dj-dj-y	جحي				
Dj-hh-y	جحي				

Du HHA.

VALEUR.	FORME.	POSITION.
Hh-b-y	حبي	
Hh-t-y	حتي	
Hh-th-y	حثي	Fin. non liées.
Hh-dj-y	حجي	
Hh-hh-y	حجي	
Hh-kh-y	حخي	

LIGATURES.

VALEUR.	FORME.	POSITION.	VALEUR.	FORME.	POSITION.
Hh-n-y	خني	Fin. non liées.	Kh-n-y	خني	Fin. non liées.
Hh-y	حي		Kh-y	نحي	
	حي	Finale liée.		خي	Finale liée.
Hh-y-y	حي		Kh-y-y	خي	
Hh-p-y	جي	Fin. non liées.	Kh-p-y	خي	Fin. non liées.
Hh-tch-y	چي		Kh-tch-y	خي	

Du KHA.

VALEUR.	FORME.	POSITION.
Kh-a	خ	In. m. et fin. n. l.
Kh-b-y	خي	
Kh-t-y	خني	
Kh-th-y	خي	
Kh-dj-y	خجي	Fin. non liées.
Kh-hh-y	خحي	
Kh-kh-y	خخي	

Du DAL.

VALEUR.	FORME.	POSITION.
D-h	دل	Finales liées.
D-t	دل	

Du DZAL.

VALEUR.	FORME.	POSITION.
D-h. Z-h	ذل	Finales liées.
D-t. Z-t	ذل	

Du SSAD.

VALEUR.	FORME.	POSITION.
Sv-b-dj	صبج	Médiale liée.

LIGATURES.

VALEUR.	FORME.	POSITION.	VALEUR.	FORME.	POSITION.
Ss-b-hh	صبح	Médiales liées.	Ss-th-kh	صثخ	In. et méd. n. l
Ss-b-kh	صبخ			صثخ	Médiale liée.
Ss-b m	صبم	Finale non liée.	Ss-th-m	صثم	Finale non liée.
Ss-t-dj	صتج	In. et méd. n. l.	Ss-dj	صج	In. et méd. n. L
	صتج	Médiale liée.		صج	Médiale liée.
Ss-t-hh	صتح	In. et méd. n. l.	Ss-dj-y	صجي	Finale non liée.
	صتح	Médiale liée.	Ss-hh	صح	In. et méd. n. l.
Ss-t-kh	صتخ	In. et méd. n. l		صح	Médiale liée.
	صتخ	Médiale liée.	Ss-hh-y	صحي	Finale non liée.
Ss-t-m	صتم	Finale non liée.	Ss-kh	صخ	In. et méd. n. l.
Ss-th-dj	صثج	In. et méd. n. l.		صخ	Médiale liée.
	صثج	Médiale liée.	Ss-kh-y	صخي	
Ss-th-hh	صثح	In. et méd. n. l.	Ss-m	صم	Fin. non liées.
	صثح	Médiale liée.	Ss-n-m	صنم	

LIGATURES.

VALEUR.	FORME.	POSITION.	VALEUR.	FORME.	POSITION.
Ss-y		Fin. non liée.	Dd-t-hh		In. et méd. n. l.
					Médiale liée.
Ss-p-dj		Médiales liées.	Dd-t-kh		In. et méd. n. l.
Ss-p-hh		Médiales liées.			Médiale liée.
Ss-p-kh					
Ss-p-m		Finale non liée.	Dd-t-m		Finale non liée.
Ss-tch		In. et m. n. liée.	Dd-th-dj		In. et méd. n. l.
Ss-tch-y		Finale non liée.			Médiale liée.
			Dd-th-hh		In. et méd. n. l.
Du DDAD.					Médiale liée.
Dd-b-dj		Médiales liées.	Dd-th-kh		In. et méd. n. l.
Dd-b-hh		Médiales liées.			Médiale liée.
Dd-b-kh					
Dd-b-m		Finale non liée.	Dd-th-m		Finale non liée.
Dd-t-dj		In. et méd. n. l.	Dd dj		In. et méd. n. l.
		Médiale liée.			Médiale liée.

LIGATURES.

VALEUR.	FORME.	POSITION.	VALEUR.	FORME.	POSITION.
Dd-dj-y	ضجي	Finale non liée.	Dd-tch	ضخ	In. et méd. n. l.
Dd-hh	نحذ	In. et méd. n. l.	Dd-tch-y	ضجي	Finale non liée.
Dd-hh	ضحد	Médiale liée.	**Du TTA.**		
Dd-hh-y	ضحي	Finale non liée.	Tt-a	طا	In. m. et fi. n. l.
Dd-kh	ضخذ	In. et méd. n. l.	Tt-y	طي	Finale non liée.
Dd-kh	ضخذ	Médiale liée.	Tt-y	طي	Finale liée.
Dd-kh-y	ضخي		**Du DHA.**		
Dd-m	ضم		Dh-a	ظا	In. m. et fi. n. l.
Dd-n-m	ضنم	Finales n. liées.	Dh-y	ظي	Finale non liée.
Dd-y	ضي		Dh-y	ظي	Finale liée.
Dd-p-dj	ضجة		**Du A'YN.**		
Dd-p-bh	ضبة	Médiales liées.	A'-a	عا	In. m. et fi. n. l.
Dd-p-kh	ضخة		A'-y	عي	Finale liée.
Dd-p-m	ضم	Finale n. liée.	A'l-y	علي	Finale non liée.

LIGATURES.

VALEUR.	FORME.	POSITION.	VALEUR.	FORME.	POSITION.
Du GHAYN.			K-a		Méd. et fi. liée.
Gh-a		In. m. et fi. n. l.	**Du LAM.**		
Gh-y		Finale liée.	L-a		In. m. et fi. n. l.
Gh-l-y		Finale non liée.			Méd. et fi. liée.
Du FE.			L-dj-y		
F-a		In. m. et fi. n. l.	L-hh-y		Finale n. liée.
F-y		Finale non liée.	L-kh-y		
		Finale liée.	L-k		In. et méd. n. l.
Du GAF.					Médiale liée.
G-a		In. m. et fi. n. l.			In. et méd. n. l.
Ga-y		Finale non liée.	L-m		Médiale liée.
		Finale liée.			Finale n. liée.
Du KIEF.			Lam-a		In. m. et fi. n. l.
k-a		In. m. et fi. n. l.	L-n-h-y		Finale non liée.

LIGATURES.

VALEUR.	FORME.	POSITION.	VALEUR.	FORME.	POSITION.
L-guo	ٱ	In. et méd. n. l.	N-m	ـمـ	Médiale liée.
	ٱ	Médiale liée.		ـم	Finale non liée.
L-gn	ٱ	In. et méd. n. l.	N-n	ـنن	Finale liée.
	ٱ	Médiale liée.	N-ou	ـنو	In. m. et fin. n. l.

Du MYM.

VALEUR.	FORME.	POSITION.	VALEUR.	FORME.	POSITION.
M-a	لـ	In. m. et fin. n. l.	N-y	ـفي	In. m. et fin. n. l.
M-m-a	ـمـ			ـحي	Finales liées.
M-n	ـمن	Fin. non liées.	N-tch-y	ـنجي	
M-y	ـمي				

Du HE.

VALEUR.	FORME.	POSITION.	VALEUR.	FORME.	POSITION.
			H-dj	هـ	In. et méd. n. l.
			H-hh	هـ	
			H-kh	هـ	

Du NOUN.

VALEUR.	FORME.	POSITION.	VALEUR.	FORME.	POSITION.
N-dj-y	ـنجي	Finales liées.	H-m	هم	Finale non liée.
N-hh-y	ـنحي		H-m-a	ها	In. m. et fin. n. l.
N-kh-y	ـنخي		H-y	هي	Finale non liée.
N-m	نـ	In. et méd. n. l.			

LIGATURES.

VALEUR.	FORME.	POSITION.	VALEUR.	FORME.	POSITION.
H-tch		In. et méd. n. l.	**Du P E.**		
Du Y E.			P-dj-y		
			P-hh-y		Finales liées.
Y-dj-y			P-kh-y		
Y-hh-y		Finales liées.	P-m		In. et méd. n. l.
Y-kh-y					Médiale liée.
Y-m		In. et méd. n. l.			Finale non liée.
		Médiale liée.	P-n		Finale liée.
		Finale non liée.	P-ou		
Y-n		Finale liée.	P-y		In. m. et fi. n. l.
Y-ou		In. m. et fi. n. l.			Finales liées.
Y-y			P-tch-y		
Y-tch-y		Finales liées.	**Du T C H Y M.**		
			Tch-b-y		Finale non liée.

LIGATURES.

VALEUR.	FORME.	POSITION.	VALEUR.	FORME.	POSITION.
Tch-t-y	چّي		Tch-tch-y	چچي	Finale non liée.
Tch-th-y	چثي				**Du GUIEF.**
Tch-dj-y	چجي		G-a	گ	In. m. et fi. n. l.
Tch-hh-y	چحي	Finales n. liées.		گ	In. et fi. liée.
Tch-kh-y	چخي				**Du SAGHIR-NOUN.**
Tch-n-y	چني		Gn-a	ڭ	In. m. et fi. n. l.
Tch-y	پچي			ڭ	Méd. et fin. n. l.
	پکچي	Finale liée.			**CHIFFRES.**
Tch-y-y	چيي			١ ٢ ٣ ٤ ٥ ٦ ٧ ٨ ٩ ٠	
Tch-p-y	چپي	Finales n. liées.		1 2 3 4 5 6 7 8 9 0	

J. F. M.

FIN.

A ALEXANDRIE, de l'Imprimerie orientale et française.